차례

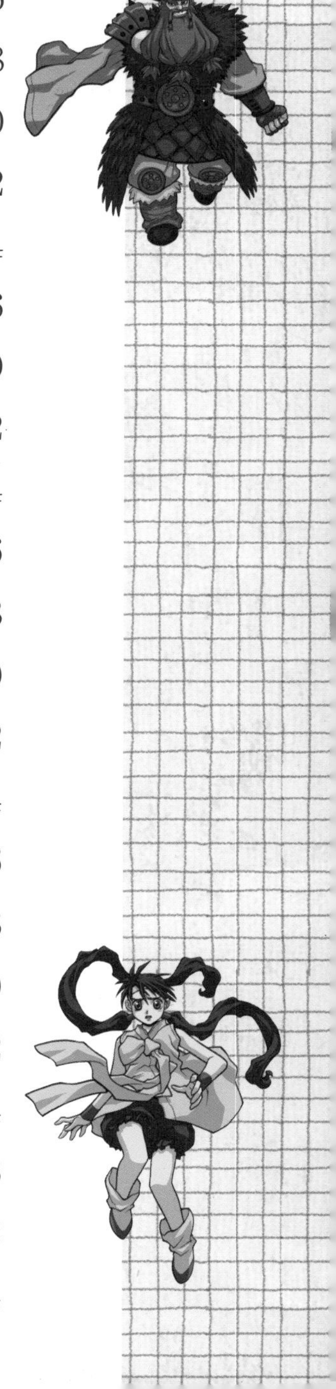

손오공과 함께 하는 마법 한자 1

★ 한자의 뜻과 소리를 써 보세요.

싹싹 닦아라! 예) 닦을 수

읽어라!

가르쳐라!

힘을 더해라!

손으로 잡아라!

다스려라!
다스릴 리 理!
理
擢
뽑아내라!
뽑을 탁 擢!
다스려라!
뽑아내라!
港
배가 드나드는 길!
뱃길 항 港!
불러들여라!
부를 소 召!
召
배가
드나드는 길!
불러들여라!
밝혀라!
등잔 등 燈!
燈
밝혀라!

▶ 한자마법을 따라 써 보세요.

싹싹 닦아라! 닦을 수 修!

싹싹 닦아라! 닦을 수 修!

한자능력검정시험급수 4급	修	음을 나타내는 攸(유→수)는 '사람의 등 뒤에 물을 끼얹어 씻다'를 뜻하며, '길고 윤기 나게 꾸민 머리 형상'을 본뜬 彡(삼)과 합하여, '깨끗이 씻어 꾸미다'의 뜻에서 '닦다'의 뜻을 나타낸다. 人(亻)부의 8획 총 10획	
	닦을 **수**	필순 修 修 修 修 修 修 修 修 修 修	

▶ 필순에 따라 바르게 써 보세요.

修 닦을 수	修	修	修	修	修	修	修	修
修	修							

엄마, 아빠와 함께 하는

한자 연습장

월 일

아빠 확인	엄마 확인

마법천자문

修가 쓰인 낱말

수료(修了) – 규정의 과업을 다 배움
수선(修繕) – 낡은 물건을 고침

▶ 修가 쓰인 낱말을 써 보세요.

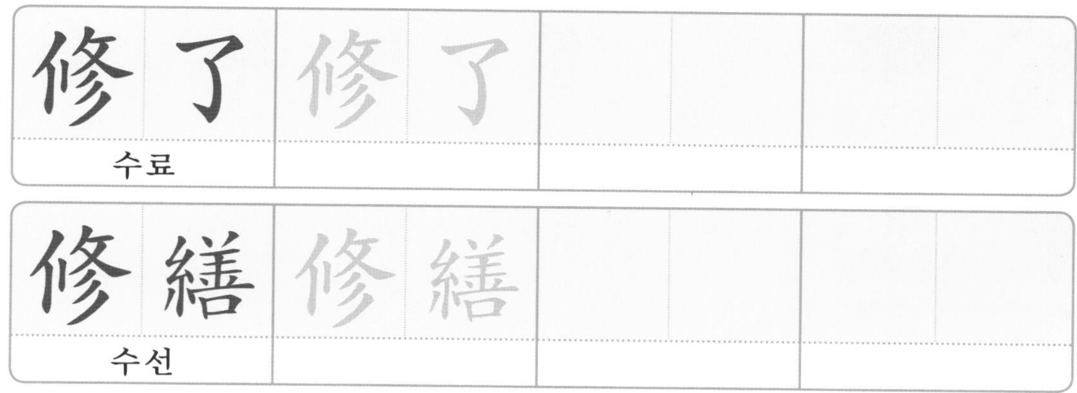

▶ 다음 한자는 修와 같은 소리를 내는 한자예요.

수 — 水 물 수 — 收 거둘 수 — 秀 빼어날 수

水 물 수	뜻 : 흘러가는 물줄기의 모양을 본뜬 글자로, '물'의 뜻을 나타낸다.
	水

收 거둘 수	뜻 : '치다'의 뜻인 攵(복)과 '달라붙다', '휘감기다'의 뜻인 丩(구 → 수)를 합하여, '체포하다'를 의미한 데서 '거두다'의 뜻이 나왔다.
	收

秀 빼어날 수	뜻 : 불거져 나온 벼이삭의 모양을 본뜬 禾(화)와 펴져 뻗은 활의 모양을 본뜬 乃(내)를 합하여 '길게 뻗다', '빼어나다'의 뜻을 나타낸다.
	秀

▶ 한자마법을 따라 써 보세요.

다스려라! 다스릴 리 理!

다스려라! 다스릴 리 理!

한자능력검정시험급수 6급

理

음을 나타내는 里(리)는 '줄', '금'을 뜻하며, '옥'을 뜻하는 玉(옥)과 합하여, '옥의 줄무늬가 아름답게 보이도록 갈다', '다스리다'의 뜻을 나타낸다.

玉(王)부의 7획 총 11획

다스릴 **리(이)**

필순 理 理 理 理 理 理 理 理 理 理 理

▶ 필순에 따라 바르게 써 보세요.

理	理	理	理	理	理	理	理	理
다스릴 리(이)								
理	理	理						

엄마, 아빠와 함께 하는 한자 연습장

월 일

아빠 확인 | 엄마 확인

마법천자문

理가 쓰인 낱말

이발(理髮) – 머리를 빗어 가지런히 함 또는 머리털을 깎음

이해(理解) – 사리를 분별하여 앎

▶ 理가 쓰인 낱말을 써 보세요.

理髮	理髮		
이발			

理解	理解		
이해			

▶ 다음 한자는 理와 같은 소리를 내는 한자예요.

리(이) — 里 마을 **리** — 利 이로울 **리** — 梨 배나무 **리**

里 마을 **리**	뜻 : '밭'을 뜻하는 田(전)과 '토지'를 뜻하는 土(토)를 합하여, 밭(토지)과 사람이 있는 '마을', 또는 거리를 나타내는 '단위'를 뜻한다.
	里

利 이로울 **리**	뜻 : '칼'의 모양을 본뜬 刂(刀 : 도)와 '벼'의 모양을 본뜬 禾(화)를 합하여, '날카롭다'의 뜻을 나타내며, 또는 날카로운 쟁기가 농사일에 도움을 주므로 '유익하게 하다'라는 뜻도 나타낸다.
	利

梨 배나무 **리**	뜻 : '나무'를 뜻하는 木(목)과 음을 나타내는 利(리)를 합하여, '배', '배나무'의 뜻을 나타낸다.
	梨

엄마, 아빠와 함께 하는
한자 연습장

월 일

아빠 확인	엄마 확인

마법천자문

▶ 한자마법을 따라 써 보세요.

뽑아내라! 뽑을 탁 擢!

뽑아내라! 뽑을 탁 擢!

한자능력검정시험급수 1급

擢

뽑을 탁

음을 나타내는 翟(적, 탁)은 '높이 솟은 깃털의 볏을 가진 꿩', '높다', '뛰어오르다'를 뜻하며, '손'을 뜻하는 手(수)를 더하여 '높은 쪽(위쪽)으로 빼내다'의 뜻을 나타낸다.

手(扌)부의 14획 총 17획

필순 擢 擢 擢 擢 擢 擢 擢 擢 擢 擢 擢 擢 擢 擢 擢 擢 擢

▶ 필순에 따라 바르게 써 보세요.

擢
뽑을 탁

한자 연습장

월 일

아빠 확인	엄마 확인

擢이 쓰인 낱말

발탁(拔擢) – 여러 사람 가운데서 쓸 사람을 뽑음

탁상(擢賞) – 많은 중에서 뽑아내어 칭찬함

▶ 擢이 쓰인 낱말을 써 보세요.

拔	擢	拔	擢				
발탁							

擢	賞	擢	賞				
탁상							

▶ 다음 한자는 擢과 같은 소리를 내는 한자예요.

탁 — 卓 높을 탁 — 托 맡길 탁 — 濯 씻을 탁

卓 높을 탁	뜻 : 음을 나타내는 早(조)는 '높다'의 뜻을 가지며, '견주다'의 뜻을 지닌 卜(복)을 합하여, 다른 것과 견주어 높게 '뛰어나다'의 뜻을 나타낸다.						
	卓						

托 맡길 탁	뜻 : '손'을 뜻하는 扌(手:수)와 음을 나타내는 乇(탁)을 합하여, '부탁하다', '맡기다'의 뜻을 나타낸다.						
	托						

濯 씻을 탁	뜻 : 氵(水:수)와 '뛰어 일어나다'의 뜻인 翟(적→탁)이 합해져, 물속에 옷 등을 흔들어 씻는 모습에서 '빨다'의 뜻을 나타내게 되었다.						
	濯						

엄마, 아빠와 함께 하는 한자 연습장

월 일

아빠 확인	엄마 확인

▶ 한자마법을 따라 써 보세요.

읽어라! 읽을 독 **讀!**

읽어라! 읽을 독 讀!

한자능력검정시험급수 6급

讀

읽을 **독**

賣(육)은 屬(속)과 통하여 '계속하다'를 뜻하며, '말'을 뜻하는 言(언)과 합하여, '말을 이어 늘어놓다'의 뜻에서 '읽다'의 뜻을 나타낸다.

言부의 15획 총 22획

필순

▶ 필순에 따라 바르게 써 보세요.

讀

읽을 독

엄마, 아빠와 함께 하는

한자 연습장

월 일

아빠 확인 | 엄마 확인

마법천자문

讀이 쓰인 낱말

독서(讀書) – 글을 읽음, 책을 읽음
독파(讀破) – 책을 다 읽어 내림

▶ 讀이 쓰인 낱말을 써 보세요.

讀 書	讀 書		
독서			

讀 破	讀 破		
독파			

▶ 다음 한자는 讀과 같은 소리를 내는 한자예요.

독 — 獨 홀로 **독** — 督 감독할 **독** — 篤 도타울 **독**

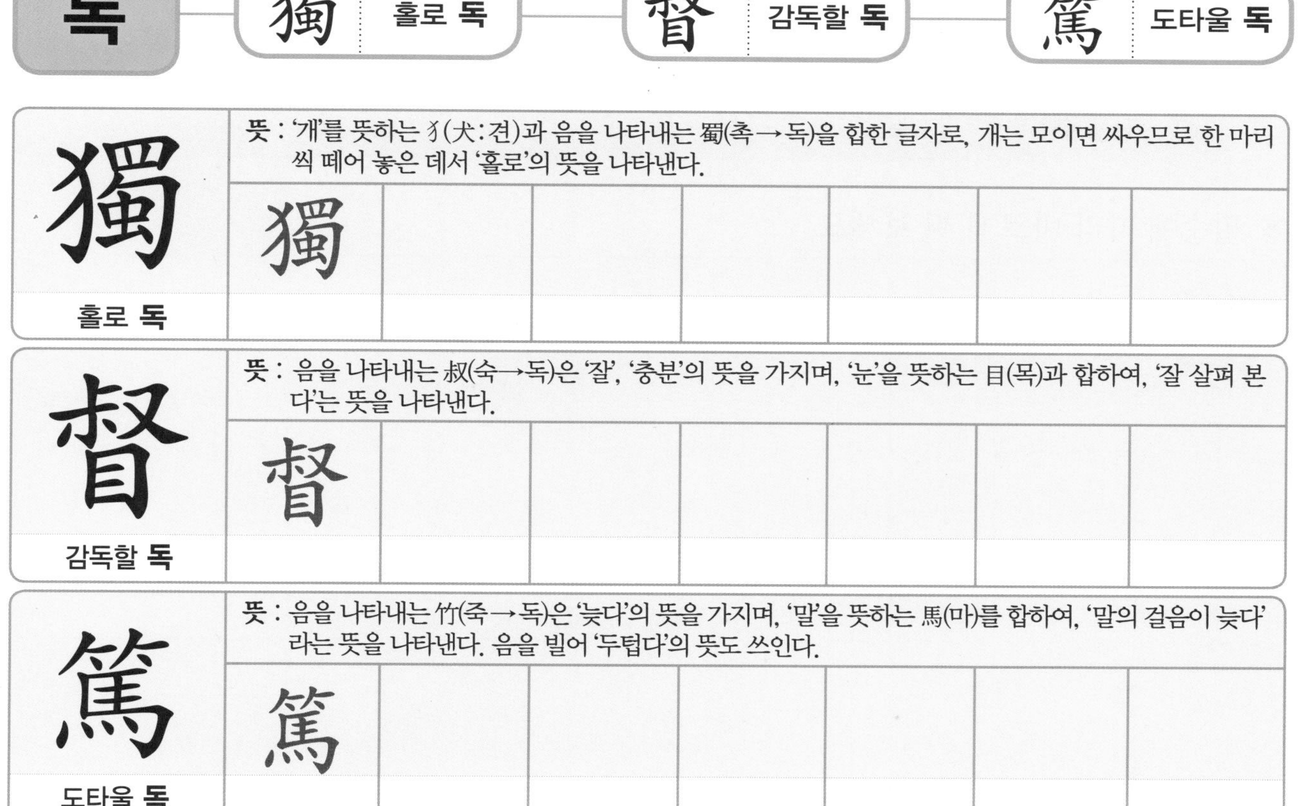

獨 홀로 **독**	뜻 : '개'를 뜻하는 犭(犬 : 견)과 음을 나타내는 蜀(촉→독)을 합한 글자로, 개는 모이면 싸우므로 한 마리씩 떼어 놓은 데서 '홀로'의 뜻을 나타낸다. 獨
督 감독할 **독**	뜻 : 음을 나타내는 叔(숙→독)은 '잘', '충분'의 뜻을 가지며, '눈'을 뜻하는 目(목)과 합하여, '잘 살펴 본다'는 뜻을 나타낸다. 督
篤 도타울 **독**	뜻 : 음을 나타내는 竹(죽→독)은 '늦다'의 뜻을 가지며, '말'을 뜻하는 馬(마)를 합하여, '말의 걸음이 늦다'라는 뜻을 나타낸다. 음을 빌어 '두텁다'의 뜻도 쓰인다. 篤

▶ 한자마법을 따라 써 보세요.

가르쳐라! 가르칠 교 敎!

가르쳐라! 가르칠 교 敎!

한자능력검정시험급수 8급	敎	음을 나타내는 孝(爻:효→교)는 가르치는 이와 배우는 이의 사귐의 뜻에서 '배우다', '가르치다'를 뜻하며, 한 손에 회초리를 들고 있는 모습의 攴(복)을 더하여 '가르치다'의 뜻을 나타낸다. 攴(攵)부의 7획 총 11획	
	가르칠 교	필순 敎 敎 敎 敎 敎 敎 敎 敎 敎 敎 敎	

▶ 필순에 따라 바르게 써 보세요.

敎	敎	敎	敎	敎	敎	敎	敎	敎
가르칠 교								
敎	敎	敎						

敎가 쓰인 낱말

교우(敎友) – 가르치고 이끌어 주는 벗
교육(敎育) – 가르쳐 기름 또는 사람을 가르치어 지덕을 성취하게 함

▶ 敎가 쓰인 낱말을 써 보세요.

▶ 다음 한자는 敎와 같은 소리를 내는 한자예요.

교 — 校 학교 **교** — 交 사귈 **교** — 狡 교활할 **교**

校 학교 **교**	뜻 : 음을 나타내는 交(교)는 '짜 맞추다', '섞여 어우러지다'의 뜻을 가지며, 木(목)과 합하여, '나무를 짜 맞추다'의 뜻에서 '나무 울타리', 더 나아가 '비교하다', '학교'의 뜻도 나타낸다.
	校
交 사귈 **교**	뜻 : 사람의 종아리가 교차해 있는 모양을 본뜬 글자로, '교차하다', '섞다', '사귀다'의 뜻을 나타낸다.
	交
狡 교활할 **교**	뜻 : '개'를 뜻하는 犭(犬 : 견)과 음을 나타내는 交(교)를 합하여, '교활하다', '간교하다'의 뜻을 나타낸다.
	狡

▶ 한자마법을 따라 써 보세요.

배가 드나드는 길! 뱃길 항 港!

배가 드나드는 길! 뱃길 항 港!

한자능력검정시험급수 4급

뱃길 항

음을 나타내는 巷(항)은 '마을 안을 뚫고 나간 길'을 뜻하며, '물'을 뜻하는 水(수)와 합하여 '물 위의 길'이라는 뜻에서 '뱃길'의 뜻을 나타낸다.

水(氵)부의 9회 총 12획

필순 港 港 港 港 港 港 港 港 港 港 港 港

▶ 필순에 따라 바르게 써 보세요.

港

뱃길 항

엄마, 아빠와 함께 하는

한자 연습장

월 일

아빠 확인	엄마 확인

마법천자문

港이 쓰인 낱말

항구(港口) – 배가 닻을 내리고 머무르는 곳의 출입구

항만(港灣) – 활 모양으로 굽은 해안에 방파제 · 창고 · 기중기 등의 시설을 한 수역

▶ 港이 쓰인 낱말을 써 보세요.

港口	港口		
항구			

港灣	港灣		
항만			

▶ 다음 한자는 港과 같은 소리를 내는 한자예요.

항 — 項 항목 **항** — 航 배 **항** — 抗 겨룰 **항**

項	뜻 : '머리'를 뜻하는 頁(혈)과 음을 나타내는 工(공→항)이 합하여 이루어진 글자로, 後(후)와 통하여 머리 뒤쪽, 즉 '목덜미'의 뜻을 나타낸다.
항목 **항**	項

航	뜻 : 음을 나타내는 亢(항)은 行(행)과 통하여 '가다'의 뜻을 가지며, '배'를 뜻하는 舟(주)를 합하여, '배로 가다'라는 뜻을 나타낸다.
배 **항**	航

抗	뜻 : 음을 나타내는 亢(항)은 '높다'의 뜻을 가지며, '손'을 뜻하는 扌(手:수)와 합하여, '손을 높이 들다'라는 뜻을 나타낸다.
겨룰 **항**	抗

▶ 한자마법을 따라 써 보세요.

불러들여라! 부를 소 召!

불러들여라! 부를 소 召!

한자능력검정시험급수 3급	召	높은 곳(口)에서 손짓(刀)하는 모습에서 '부르다'의 뜻을 나타낸다. 口부의 2획 총 5획	
	부를 소	필순 召 召 召 召 召	

▶ 필순에 따라 바르게 써 보세요.

召	召	召	召	召	召			
부를 소								

엄마, 아빠와 함께 하는

한자 연습장

월 일

아빠 확인	엄마 확인

마법천자문

召가 쓰인 낱말

소집(召集) – 불러 모음

소환(召喚) – 법원 등의 사법 기관에서 개인을 일정한 장소로 나올 것을 명령하는 일

▶ 召가 쓰인 낱말을 써 보세요.

召	集	召	集				
소집							

召	喚	召	喚				
소환							

▶ 다음 한자는 召와 같은 소리를 내는 한자예요.

소 — 小 작을 **소** — 消 사라질 **소** — 所 바 **소**

小 작을 **소**	뜻 : 세 개의 작은 점을 본뜬 글자로, '작다'의 뜻을 나타낸다.						
	小						

消 사라질 **소**	뜻 : '물'을 뜻하는 氵(水 : 수)와 음을 나타내는 肖(초→소)를 합한 글자로, '물이 적어지다', '사라지다'를 의미한다.						
	消						

所 바 **소**	뜻 : '문' 모양을 본뜬 戶(호)와 '도끼' 모양을 본뜬 斤(근)을 합한 글자로, 지위가 높은 사람이 있는 장소를 뜻하기도 하며, 어떤 지위의 상징이 되는 물건을 둔 입구의 문에서 '곳'을 뜻한다.						
	所						

엄마, 아빠와 함께 하는 한자 연습장

월 일

아빠 확인	엄마 확인

▶ 한자마법을 따라 써 보세요.

힘을 더해라! 도울 조 助!

힘을 더해라! 도울 조 助!

한자능력검정시험급수 4급

助	조상신을 나타내는 且(차)와 '힘'을 뜻하는 力(력)이 결합하여 조상의 힘을 빌어 '도움을 받다', '돕다'의 뜻을 나타낸다. 力부의 5획 총 7획	
도울 **조**	필순 助 助 助 助 助 助 助	

▶ 필순에 따라 바르게 써 보세요.

助	助	助	助	助	助	助	助	
도울 조								

助가 쓰인 낱말

조미(助味) – 음식의 맛을 좋게 함

조수(助手) – 어떤 책임자 밑에서 지도를 받으며 그 일을 도와주는 사람

▶ 助가 쓰인 낱말을 써 보세요.

助	味	助	味				
조미							

助	手	助	手				
조수							

▶ 다음 한자는 助와 같은 소리를 내는 한자예요.

조 — 祖 조상 조 — 朝 아침 조 — 燥 마를 조

祖	뜻 : 음을 나타내는 且(차→조)는 고기를 얹어 놓은 제기를 본뜬 것으로, 제물을 바쳐 제사 지내는 조상의 뜻을 나타낸다.						
	祖						
조상 조							

朝	뜻 : 달(月)이 지면 날이 밝아 온다는 뜻에서 '아침'을 뜻한다.						
	朝						
아침 조							

燥	뜻 : 음을 나타내는 喿(조·소)는 '없애다'를 뜻하며, '불'을 뜻하는 火(화)를 합하여 '불로 습기를 없애다'에서 '마르다'의 뜻을 나타낸다.						
	燥						
마를 조							

▶ 한자마법을 따라 써 보세요.

손으로 잡아라! 잡을 착 捉!

손으로 잡아라! 잡을 착 捉!

한자능력검정시험급수 3급

捉

음을 나타내는 足(족)은 束(속)과 통하여 '단단히 묶다'를 뜻하며, '손'을 뜻하는 手(수)를 합하여 '묶다', '붙잡다'의 뜻을 나타낸다.

手(扌)부의 7획 총 10획

잡을 **착**

필순 捉 捉 捉 捉 捉 捉 捉 捉 捉 捉

▶ 필순에 따라 바르게 써 보세요.

捉	捉	捉	捉	捉	捉	捉	捉	捉
잡을 착								
捉	捉							

捉이 쓰인 낱말

착송(捉送) – 잡아서 보냄
착수(捉囚) – 죄인을 잡아 가둠

▶ 捉이 쓰인 낱말을 써 보세요.

▶ 다음 한자는 捉과 같은 소리를 내는 한자예요.

착 — 錯 어긋날 **착** — 窄 좁을 **착** — 着 붙을 **착**

錯 어긋날 **착**	뜻 : 음을 나타내는 昔(석→차)는 '겹치다'를 뜻하며, '쇠'를 뜻하는 金(금)과 합하여 '도금'의 뜻을 나타낸다. 더 나아가 '뒤섞이다', '틀리게 되다'의 뜻도 나타낸다. 錯
窄 좁을 **착**	뜻 : '구멍'을 뜻하는 穴(혈)과 음을 나타내는 乍(작→착)이 합하여 이루어진 글자이다. 窄
着 붙을 **착**	뜻 : 羊(양)이 사이좋게 마주 바라보며 떼를 이룬다는 데서 '붙다'의 뜻이 나온 글자이다. 着

29권 엄마, 아빠와 함께 하는 한자 연습장

월 일

아빠 확인 | 엄마 확인

마법천자문

▶ 한자마법을 따라 써 보세요.

밝혀라! 등잔 등 燈!

밝혀라! 등잔 등 燈!

한자능력검정시험급수 4급	燈	음을 나타내는 登(등)은 '오르다'를 뜻하며, 불을 뜻하는 火(화)를 합하여 '불을 올리는 기구', 즉 '등잔'을 나타낸다. 火부의 12회 총 16획	
	등잔 등	필순 燈 燈 燈 燈 燈 燈 燈 燈 燈 燈 燈 燈 燈 燈 燈 燈	

▶ 필순에 따라 바르게 써 보세요.

燈 등잔 등	燈	燈	燈	燈	燈	燈	燈	燈
燈	燈	燈	燈	燈	燈	燈	燈	

엄마, 아빠와 함께 하는 한자 연습장

월 일

아빠 확인 | 엄마 확인

燈이 쓰인 낱말

등대(燈臺) – 해안이나 섬에서 밤에 불을 켜 놓아 뱃길의 목표나 위험한 곳을 알려 주는 시설
등화(燈火) – 등불, 등잔불, 촛불
전등(電燈) – 전기의 힘으로 밝은 빛을 내는 등

▶ 燈이 쓰인 낱말을 써 보세요.

▶ 다음 한자는 燈과 같은 소리를 내는 한자예요.

등 — 等 무리 **등** — 登 오르 **등**

等 무리 **등**	뜻 : 음을 나타내는 寺(시)는 '관청'을 뜻하며, 옛날에 종이 대신에 쪼갠 대나무에 글씨를 적었던 '죽간'을 뜻하는 竹(죽)을 합하여, '관리가 서적을 정리하다'에서 '같다', '단계'의 뜻을 나타낸다. 等
登 오를 **등**	뜻 : 제기(豆)를 양손(廾)으로 들고 신에게 바치려고 올라간다(癶)는 데서 '오르다'의 뜻을 나타낸다. 登

만화 속 한자 찾기

★ 만화 속에 숨어 있는 한자를 찾아보세요.

修 理 擢 燈 捉

싹싹 닦아라!
닦을 **수** 修!

다스려라!
다스릴 **리** 理!

뽑아내라!
뽑을 **탁** 擢!

밝혀라!
등잔 **등** 燈!

손으로 잡아라!
잡을 **착** 捉!

닦을 **수** ★ 다스릴 **리(이)** ★ 뽑을 **탁** ★ 읽을 **독** ★ 가르칠 **교**
뱃길 **항** ★ 부를 **소** ★ 도울 **조** ★ 잡을 **착** ★ 등잔 **등**

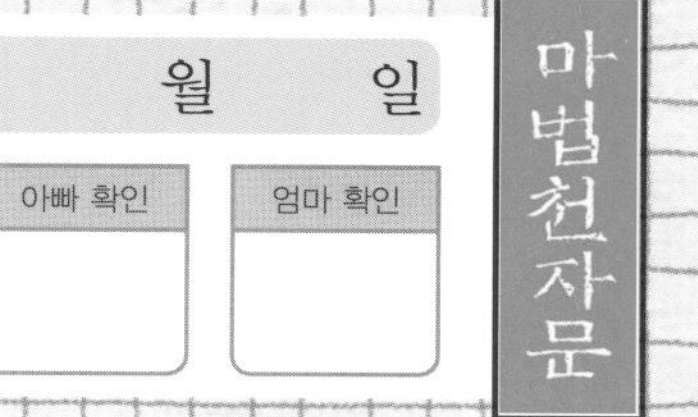

읽어라!
읽을 **독** 讀!

讀 敎

가르쳐라!
가르칠 **교** 敎!

배가 드나드는 길!
뱃길 **항** 港!

港

助

힘을 더해라!
도울 **조** 助!

召

불러들여라!
부를 **소** 召!

중간평가 1

1. 관계있는 것끼리 이으세요.

– 음 –	– 한자 –	– 뜻 –
독	擢	닦을
탁	召	뽑을
소	修	부를
수	讀	읽을

2. 한자와 음이 바르게 짝지어진 것을 골라 'ㅇ'표 하세요.

3. 빈칸에 알맞은 한자, 뜻, 소리를 써 넣으세요.

港				뱃길	항
	다스릴		理		리
燈		등		등잔	
	닦을	수	修		
讀	읽을				독
		소	召	부를	
	뽑을		擢		탁
		조	助	도울	

중간평가 1

4. 다음 그림과 한자마법을 읽고 지워진 한자를 찾으세요.

(1) 다스려라! 다스릴 리 [ ] !

① 理

② 利

③ 里

④ 王

(2) 배가 드나드는 길! 뱃길 항 [ ] !

① 道

② 船

③ 港

④ 恒

(3) 싹싹 닦아라! 닦을 수 [ ] !

① 體

② 修

③ 手

④ 水

5. 다음 그림과 한자마법을 잘 살펴본 후, 알맞은 마법 주문을 고르세요.

(1) 召

① 불러들여라! 부를 소!

② 작아져라! 작을 소!

③ 대답하라, 오버! 부를 호!

(2) 敎

① 맞대어 비교해라! 견줄 비!

② 가르쳐라! 가르칠 교!

③ 그대로 나가라! 길 행!

(3) 捉

① 철썩 붙어라! 붙을 착!

② 잡아라! 잡을 포!

③ 손으로 잡아라! 잡을 착!

손오공과 함께 하는 마법 한자 2

★ 한자의 뜻과 소리를 써 보세요.

따끈따끈! 예) 화로 로

벗어나라!

토끼처럼 빠르게!

백발백중!

빈틈없이 자라라!

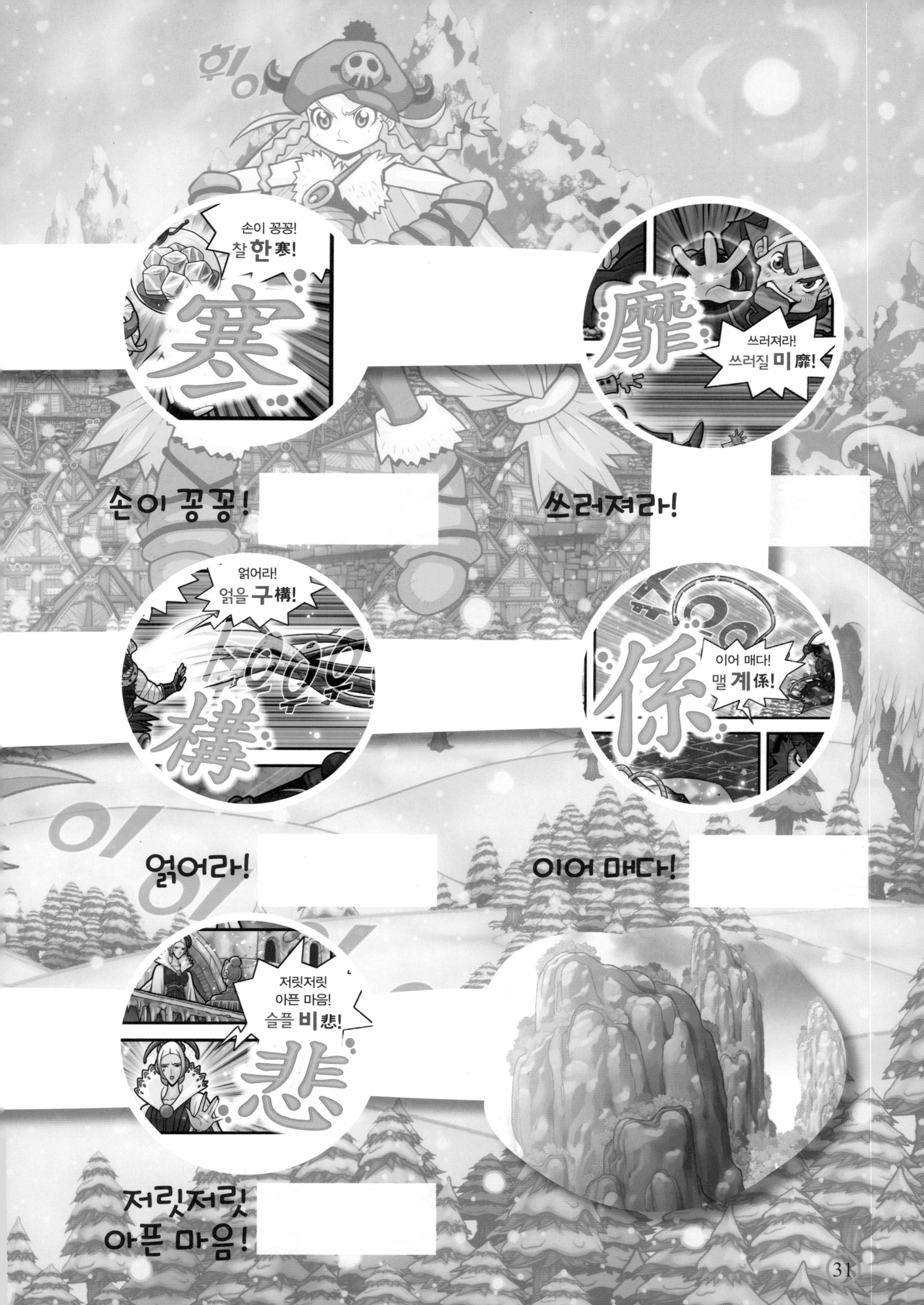
손이 꽁꽁!
찰 한 寒!
寒
손이 꽁꽁!
쓰러져라!
쓰러질 미 靡!
靡
쓰러져라!
얽어라!
얽을 구 構!
構
얽어라!
이어 매다!
맬 계 係!
係
이어 매다!
저릿저릿
아픈 마음!
슬플 비 悲!
悲
저릿저릿
아픈 마음!

▶ 한자마법을 따라 써 보세요.

따끈따끈! 화로 로 爐!

따끈따끈! 화로 로 爐!

한자능력검정시험급수 3급

爐

음을 나타내는 盧(로)는 화로의 모양을 본뜬 글자이고, 여기에 '불'을 뜻하는 火(화)를 합하여 '화로'의 뜻을 나타낸다.

火부의 16획 총 20획

화로 **로(노)**

필순 爐

▶ 필순에 따라 바르게 써 보세요.

爐
화로 로(노)

爐가 쓰인 낱말

노두(爐頭) – 화롯가 옆 또는 변두리

화로(火爐) – 숯불을 담아 놓는 그릇으로, 주로 불씨를 보존하거나 난방을 위하여 씀

▶ 爐가 쓰인 낱말을 써 보세요.

爐	頭	爐	頭				
노두							

火	爐	火	爐				
화로							

▶ 다음 한자는 爐와 같은 소리를 내는 한자예요.

로(노) — 路 길 로 — 老 늙을 로 — 勞 일할 로

路	뜻 : '이르다'는 뜻의 各(각)과 '발'을 뜻하는 足(족)이 합하여 이루어진 글자로, '걸어서 이르다'라는 데서 '길'을 뜻한다.						
길 로	路						

老	뜻 : 허리를 구부리고 지팡이를 짚은 노인의 모습을 본뜬 글자이다.						
늙을 로	老						

勞	뜻 : '힘'을 뜻하는 力(력)과 '화톳불'을 의미하는 熒(형)이 합해져, '화톳불이 타듯이 힘을 써서 피로해지다'라는 뜻을 나타낸다.						
일할 로	勞						

▶ 한자마법을 따라 써 보세요.

손이 꽁꽁! 찰 한 寒!

손이 꽁꽁! 찰 한 寒!

한자능력검정시험급수 5급	寒	집 안(宀:면)에서 한 사람이 얼음(冫:빙) 위에 있고, 추위를 피하기 위해 주변에 볏짚을 펼쳐 놓은 모습에서 '얼다', '춥다'의 뜻을 나타낸다. 宀부의 9획 총 12획	
	찰 한	필순 寒 寒 寒 寒 寒 寒 寒 寒 寒 寒 寒 寒	

▶ 필순에 따라 바르게 써 보세요.

寒 찰 한	寒	寒	寒	寒	寒	寒	寒	寒
寒	寒	寒	寒					

엄마, 아빠와 함께 하는 한자 연습장

월 일

아빠 확인	엄마 확인

寒이 쓰인 낱말

한심(寒心) – 정도에 너무 지나치거나 모자라 기가 막힌 마음
한파(寒波) – 겨울철에 기온이 갑자기 내려가는 현상

▶ 寒이 쓰인 낱말을 써 보세요.

寒心	寒心		
한심			

寒波	寒波		
한파			

▶ 다음 한자는 寒과 같은 소리를 내는 한자예요.

한 — 韓 나라 이름 **한** — 恨 한 **한** — 閑 한가할 **한**

韓 나라 이름 **한**	뜻 : '에운다'를 뜻하는 韋(위)와 음을 나타내는 동시에 '우물 구덩이'를 뜻하는 倝을 합한 글자로, 우물가를 에워싸는 '우물 난간'을 뜻한다. 나아가 '나라 이름'의 뜻도 나타낸다. 韓
恨 한 **한**	뜻 : '마음'을 뜻하는 心(忄: 심)과 음을 나타내는 艮(간)을 합하여 '언제까지나 원한을 품다'의 뜻을 나타낸다. 恨
閑 한가할 **한**	뜻 : 문 사이에 나무를 놓고 다른 데서부터 침입을 막는 칸막이의 뜻을 나타낸다. 閒(한)과 통하여 '한가한 틈', '한가하다'의 뜻을 나타낸다. 閑

엄마, 아빠와 함께 하는

한자 연습장

월 일

아빠 확인	엄마 확인

▶ 한자마법을 따라 써 보세요.

쓰러져라! 쓰러질 미 靡!

쓰러져라! 쓰러질 미 靡!

한자능력검정시험급수 1급	靡	마취 성분이 있는 대마(麻:마)에, 양 날개가 반대 방향으로 펼쳐진 모습에서 '분리하다'를 뜻하는 非(비)를 합하여 대마에 취해 힘없이 쓰러지는 모양에서 '쓰러지다', '문드러지다'의 뜻을 나타낸다. 非부의 11획 총 19획	
	쓰러질 **미**	**필순**	

▶ 필순에 따라 바르게 써 보세요.

靡	靡	靡	靡	靡	靡	靡	靡	靡
쓰러질 미								
靡	靡	靡	靡	靡	靡	靡	靡	靡
靡	靡							

靡가 쓰인 낱말

미령(靡寧) – 병이 있어 몸이 편하지 못함
미비(靡費) – 물품이나 돈 따위를 써 버리거나 허비함

▶ 靡가 쓰인 낱말을 써 보세요.

靡 寧	靡 寧		
미령			

靡 費	靡 費		
미비			

▶ 다음 한자는 靡와 같은 소리를 내는 한자예요.

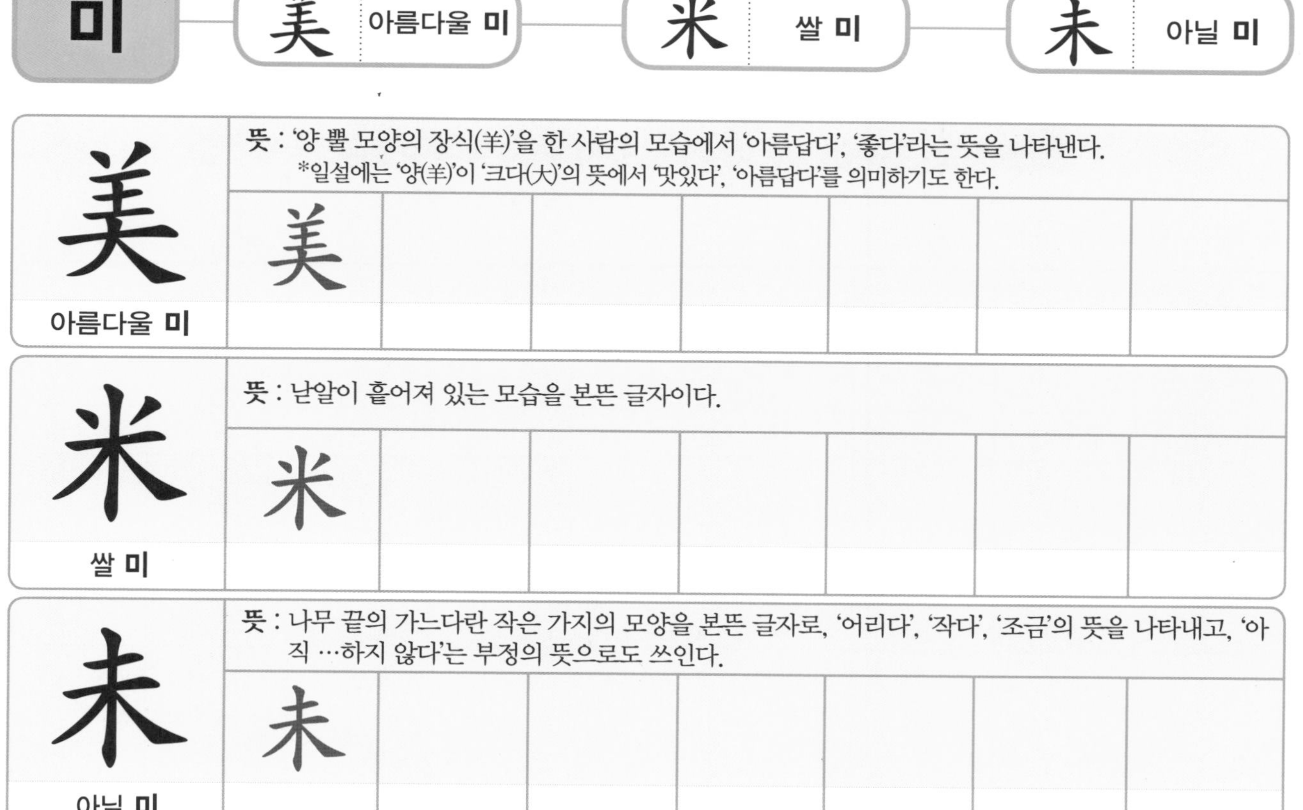

▶ 한자마법을 따라 써 보세요.

벗어나라! 벗어날 면 免!

벗어나라! 벗어날 면 免!

한자능력검정시험급수 3급

벗어날 **면**

투구를 쓴 모습을 본뜬 글자로, 투구는 전투에서 위험을 면하게 해 주므로 '면하다', '어떤 상태를 벗어나다'의 뜻을 나타낸다.

儿부의 5획 총 7획

필순 免 免 免 免 免 免 免

▶ 필순에 따라 바르게 써 보세요.

免	免	免	免	免	免	免	免	
벗어날 면								

월 일

아빠 확인	엄마 확인

免이 쓰인 낱말

면역(免疫) – 몸속에 병원균에 대한 저항력을 높여 전염병을 걸리지 않게 함
면세(免稅) – 조세를 면제함

▶ 免이 쓰인 낱말을 써 보세요.

免疫	免疫		
면역			

免稅	免稅		
면세			

▶ 다음 한자는 免과 같은 소리를 내는 한자예요.

면 — 面 낯 면 — 勉 힘쓸 면 — 眠 잘 면

面	뜻 : 사람의 머리 부분의 모양을 본떠 '사람의 얼굴'을 뜻하며, 부수한자로 쓰일 때에는 안면에 관한 문자를 이룬다.					
	面					
낯 면						

勉	뜻 : '힘'을 뜻하는 力(력)과 아기를 낳는 모양을 본뜬 免(면)과 합하여, '힘주어 빼내다'의 뜻에서 '힘을 들여 노력하다'의 뜻을 나타낸다.					
	勉					
힘쓸 면						

眠	뜻 : '눈'을 뜻하는 目(목)과 음을 나타내는 民(민)이 합하여 이루어진 글자로, '자다'라는 뜻을 나타낸다.					
	眠					
잘 면						

월	일
아빠 확인	엄마 확인

▶ 한자마법을 따라 써 보세요.

토끼처럼 빠르게! 달아날 일 逸!

토끼처럼 빠르게! 달아날 일 逸!

한자능력검정시험급수 3급

逸

달아날 **일**

'달리다'를 뜻하는 辵(착)과 '토끼'를 뜻하는 兎(토)를 합하여, '토끼가 달아나다'의 뜻에서 '달리다', '벗어나다'의 뜻을 나타낸다. 더 나아가 '빠르다', '뛰어나다', '멋대로 방자하게 굴다'의 뜻도 나타낸다.

辵(辶)부의 8획 총 12획

필순 逸 逸 逸 逸 逸 逸 逸 逸 逸 逸 逸 逸

▶ 필순에 따라 바르게 써 보세요.

逸

달아날 일

엄마, 아빠와 함께 하는

한자 연습장

월 일

아빠 확인 | 엄마 확인

逸이 쓰인 낱말

일품(逸品) – 썩 뛰어난 물품

일화(逸話) – 세상에 널리 알려지지 아니한 이야기

▶ 逸이 쓰인 낱말을 써 보세요.

▶ 다음 한자는 逸과 같은 소리를 내는 한자예요.

일 — 一 한 **일** — 溢 넘칠 **일** — 壹 한 **일**

一 한 **일**	뜻 : 한 손가락을 옆으로 펴거나 하나를 옆으로 뉘어 놓은 모양을 나타내어 '하나'를 뜻한다.
	一

溢 넘칠 **일**	뜻 : 음을 나타내는 益(익)은 '넘치다'를 뜻하며, '물'을 뜻하는 氵(水 : 수)를 합하여 '물이 넘치다'의 뜻을 나타낸다.
	溢

壹 한 **일**	뜻 : '병'을 뜻하는 壺(호)와 '그릇에 물건이 가득 차 있다'는 뜻의 吉(길)을 합하여 술 단지에 가득 술을 넣어 마개를 꼭 닫은 모양에서 '오로지 …하다'의 뜻을, 나아가 '하나'의 뜻도 나타낸다.
	壹

▶ 한자마법을 따라 써 보세요.

얽어라! 얽을 구 構!

얽어라! 얽을 구 構!

한자능력검정시험급수 4급	構	음을 나타내는 冓(구)는 대나무 등을 얽어 만든 바구니나 구조물을 본뜬 모습에서 '짜 맞추다'를 뜻하며, '나무'를 뜻하는 木(목)과 결합하여, '나무를 얽어 짜 맞추다', '꾸미다', '이루다'라는 뜻을 나타낸다. 木부의 10획 총 14획	
	얽을 구	필순 構 構 構 構 構 構 構 構 構 構 構 構 構 構	

▶ 필순에 따라 바르게 써 보세요.

構 얽을 구	構	構	構	構	構	構	構	構
構	構	構	構	構	構			

엄마, 아빠와 함께 하는 한자 연습장

월 일

아빠 확인 | 엄마 확인

마법천자문

構가 쓰인 낱말

구축(構築) – 얽어 만들어 쌓아 올림

구성(構成) – 얽어 만듦

▶ 構가 쓰인 낱말을 써 보세요.

構築	構築		
구축			

構成	構成		
구성			

▶ 다음 한자는 構와 같은 소리를 내는 한자예요.

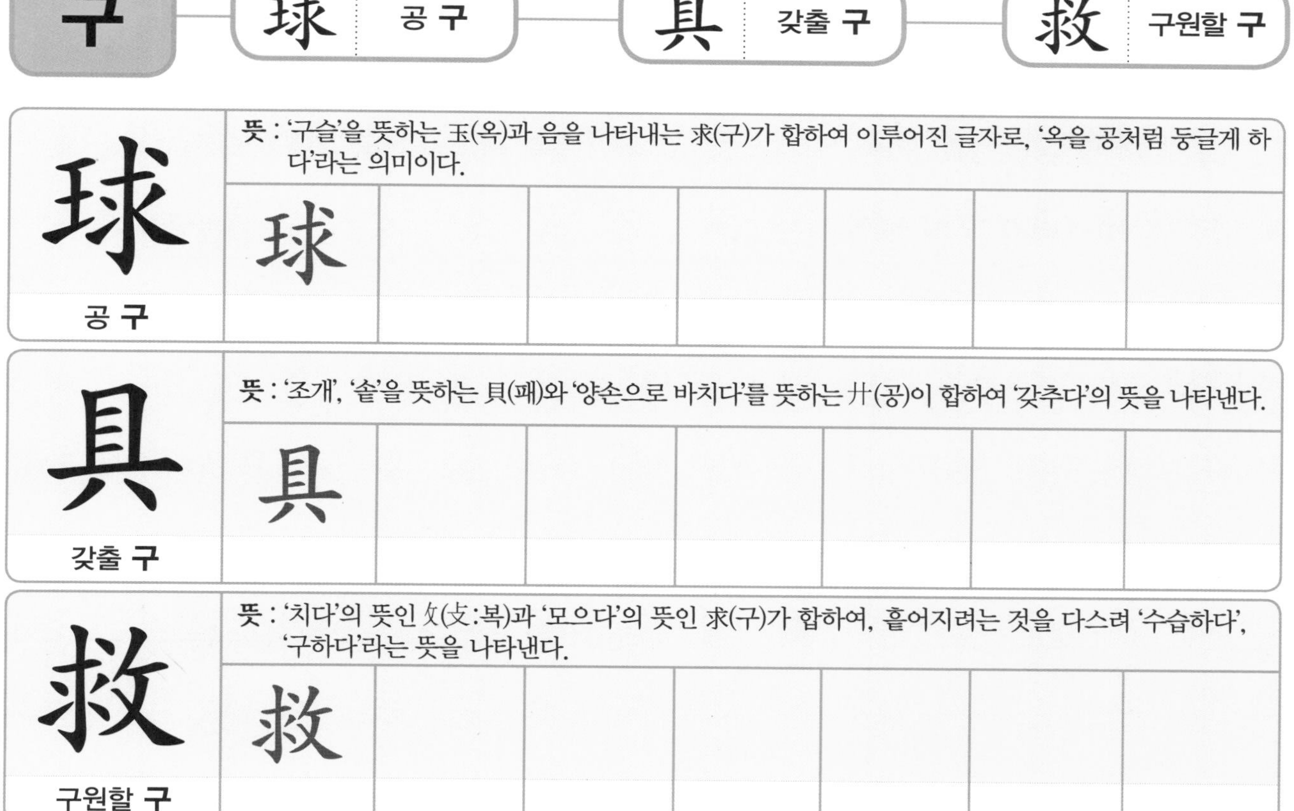

구 — 球 공 구 — 具 갖출 구 — 救 구원할 구

球 공 구	뜻 : '구슬'을 뜻하는 玉(옥)과 음을 나타내는 求(구)가 합하여 이루어진 글자로, '옥을 공처럼 둥글게 하다'라는 의미이다.
	球

具 갖출 구	뜻 : '조개', '솥'을 뜻하는 貝(패)와 '양손으로 바치다'를 뜻하는 廾(공)이 합하여 '갖추다'의 뜻을 나타낸다.
	具

救 구원할 구	뜻 : '치다'의 뜻인 攵(攴:복)과 '모으다'의 뜻인 求(구)가 합하여, 흩어지려는 것을 다스려 '수습하다', '구하다'라는 뜻을 나타낸다.
	救

엄마, 아빠와 함께 하는

한자 연습장

월 일

아빠 확인 | 엄마 확인

마법천자문

▶ 한자마법을 따라 써 보세요.

이어 매다! 맬 계 係!

이어 매다! 맬 계 係!

한자능력검정시험급수 4급

係

맬 계

음을 나타내는 系(계)는 '매다', '잇다', '연계'를 뜻하며, '사람'을 뜻하는 人(인)과 합하여, '사람을 매달다', '속박하다'를 뜻하였고, 나아가 '연계하다', '계속하다'의 뜻을 나타낸다.

人(亻)부의 7획 총 9획

필순 係 係 係 係 係 係 係 係 係

▶ 필순에 따라 바르게 써 보세요.

係 係 係 係 係 係 係 係 係

맬 계

係

엄마, 아빠와 함께 하는
한자 연습장

월 일

아빠 확인 | 엄마 확인

마법천자문

係가 쓰인 낱말

계속(係屬) – 끊이지 않고 이어 나감
관계(關係) – 둘 이상이 서로 관련이 있음

▶ 係가 쓰인 낱말을 써 보세요.

係 屬	係 屬		
계속			

關 係	關 係		
관계			

▶ 다음 한자는 係와 같은 소리를 내는 한자예요.

계 — 計 계산 **계** — 鷄 닭 **계** — 界 경계 **계**

計 계산 **계**	뜻 : '숫자'를 나타내는 十(십)과 '말하다'를 뜻하는 言(언)을 합한 글자로, '수를 세다'를 뜻한다. 計
鷄 닭 **계**	뜻 : '새'를 뜻하는 鳥(조)와 음을 나타내는 奚(해→계)가 합하여 이루어진 글자로, '닭'의 뜻을 나타낸다. 鷄
界 경계 **계**	뜻 : '밭'을 뜻하는 田(전)과 음을 나타내는 介(개)가 합하여 이루어진 글자로, 밭과 밭 사이의 경계를 나타내어 '경계'를 뜻한다. 界

▶ 한자마법을 따라 써 보세요.

백발백중! 화살 시 矢!

백발백중! 화살 시 矢!

한자능력검정시험급수 3급	矢	화살의 모양을 본뜬 글자로 '화살'을 뜻하며, 부수한자로 쓰일 때에는 화살에 관한 문자를 나타낸다. 矢부의 0획 총 5획	
	화살 **시**	필순 矢 矢 矢 矢 矢	

▶ 필순에 따라 바르게 써 보세요.

矢	矢	矢	矢	矢	矢			
화살 시								

矢가 쓰인 낱말

효시(嚆矢) – 어떤 사물이나 현상이 시작되어 나온 맨 처음을 비유적으로 이르는 말

시인(矢人) – 화살을 만드는 사람

▶ 矢가 쓰인 낱말을 써 보세요.

嚆	矢	嚆	矢				
효시							

矢	人	矢	人				
시인							

▶ 다음 한자는 矢와 같은 소리를 내는 한자예요.

시 – 始 처음 **시** – 試 시험 **시** – 時 때 **시**

始 처음 **시**	뜻 : 女(녀)와 '쟁기'의 뜻인 台(이)가 합해져 농경의 첫 번째 의식에서 '처음'이라는 뜻이 생겨났다. *또는 여자가 태아(胎兒)를 배는 것에서 '처음'의 뜻으로 쓰였다는 설도 있다.						
	始						

試 시험 **시**	뜻 : 음을 나타내는 式(식)은 '규칙'을 뜻하며 '말'을 뜻하는 言(언)과 합하여 '규칙에 따라 말로 시험하다', '규칙에 따라 쓰다'의 뜻을 나타낸다.						
	試						

時 때 **시**	뜻 : 음을 나타내는 寺(시)는 之(지)와 통하여 '가다'를 뜻하며 '해'를 뜻하는 日(일)과 합하여 진행해 가는 해의 흐름을 나타내어 '때'의 뜻을 나타낸다.						
	時						

▶ 한자마법을 따라 써 보세요.

빈틈없이 자라라! 우거질 울 鬱!

빈틈없이 자라라! 우거질 울 鬱!

한자능력검정시험급수 2급

술병의 모양을 본뜬 缶(부)와 향초를 넣은 술 단지를 본뜬 鬯(창) 등이 더해져, 자욱한 향기의 뜻에서 '찌다', '막히다', '답답하다'의 뜻을 나타낸다.

鬯부의 19획 총 29획

우거질, 답답할 울

필순

▶ 필순에 따라 바르게 써 보세요.

鬱								
우거질 울								

鬱	鬱	鬱	鬱	鬱	鬱	鬱	鬱	鬱
鬱	鬱	鬱						

鬱이 쓰인 낱말

울분(鬱憤) – 쌓여 풀리지 않는 분노
울창(鬱蒼) – 나무가 빽빽이 들어서 무성하여 푸릇푸릇한 모양

▶ 鬱이 쓰인 낱말을 써 보세요.

鬱 談	鬱 談		
울분			
鬱 食	鬱 食		
울창			

▶ 다음 한자는 鬱과 같은 소리를 내는 한자예요.

울 — 蔚 고을 이름 울

蔚	뜻 : '풀'을 뜻하는 艸(艹)와 음을 나타내는 尉(위)를 합하여 이루어진 글자이다.						
고을 이름 울	蔚						

▶ 한자마법을 따라 써 보세요.

저릿저릿 아픈 마음! 슬플 비 悲!

저릿저릿 아픈 마음! 슬플 비 悲!

한자능력검정시험급수 4급

음을 나타내는 非(비)는 날아가는 새의 좌우 날개가 방향이 서로 반대인 모습에서 '서로 배척되다'를 뜻하며, 마음 心(심)을 합하여 '배척되어 느끼는 마음', 즉 '슬퍼하다'를 뜻한다.

心부의 8획 총 12획

슬플 **비**

필순 悲 悲 悲 悲 悲 悲 悲 悲 悲 悲 悲 悲

▶ 필순에 따라 바르게 써 보세요.

悲 슬플 비

悲가 쓰인 낱말

비극(悲劇) – 세상에서 일어난 비참한 일, 또는 그런 내용을 다룬 연극
비애(悲哀) – 슬픔과 설움

▶ 悲가 쓰인 낱말을 써 보세요.

悲 劇	悲 劇		
비극			

悲 哀	悲 哀		
비애			

▶ 다음 한자는 悲와 같은 소리를 내는 한자예요.

비 — 比 견줄 **비** — 鼻 코 **비** — 祕 숨길 **비**

比 견줄 **비**	뜻 : 두 사람이 늘어선 모양에서, '나란히 하다', '가까이 하다', '돕다'의 뜻을 나타낸다.
	比

鼻 코 **비**	뜻 : 코의 원래 글자는 自(자)로 코의 모양을 본뜬 것이다. 뒤에 음을 나타내는 畀(비)를 덧붙여 지금의 鼻(비)가 되었다.
	鼻

祕 숨길 **비**	뜻 : 必(필)은 閉(폐)와 통하여 '닫다'의 뜻을 의미한다. 닫힌 신의 세계의 모양에서, '심오하여 알 수 없다', '숨기다'의 뜻을 나타낸다.
	祕

☆ 만화 속 한자 찾기 2

★ 만화 속에 숨어 있는 한자를 찾아보세요.

爐

따끈따끈!
화로 **로** 爐!

靡

쓰러져라!
쓰러질 **미** 靡!

寒

손이 꽁꽁!
찰 **한** 寒!

悲

저릿저릿
아픈 마음!
슬플 **비** 悲!

鬱

빈틈없이 자라라!
우거질 **울** 鬱!

화로 **로(노)** ★ 찰 **한** ★ 쓰러질 **미** ★ 벗어날 **면** ★ 달아날 **일**
얽을 **구** ★ 맬 **계** ★ 화살 **시** ★ 우거질 **울** ★ 슬플 **비**

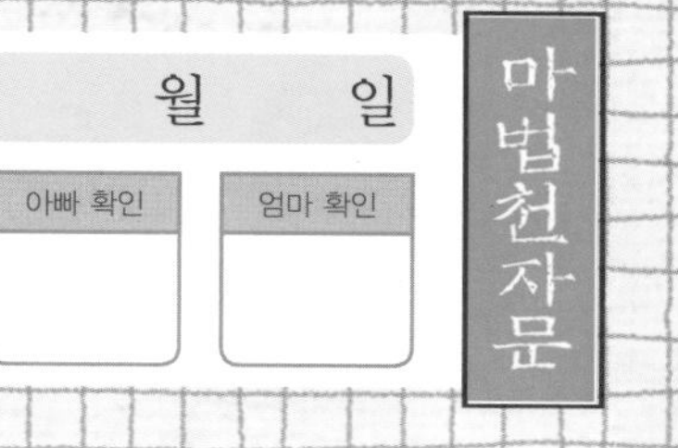

토끼처럼 빠르게!
달아날 **일** 逸!

逸

免

벗어나라!
벗어날 **면** 免!

構

얽어라!
얽을 **구** 構!

矢

백발백중!
화살 **시** 矢!

係

이어 매다!
맬 **계** 係!

중간평가 2

1. 관계있는 것끼리 이으세요.

- 음 -	- 한자 -	- 뜻 -
계	係	찰
구	構	얽을
한	鬱	맬
울	寒	우거질

2. 한자와 음이 바르게 짝지어진 것을 골라 'ㅇ'표 하세요.

3. 빈칸에 알맞은 한자, 뜻, 소리를 써 넣으세요.

免	벗어날				면
係	맬				계
構		구	構		
靡		미		쓰러질	
	찰		寒		한
悲				슬플	비
逸		일			일
爐	화로		爐		

중간평가 2

4. 다음 그림과 한자마법을 읽고 지워진 한자를 찾으세요.

(1) 토끼처럼 빠르게! 달아날 일 [ ]!

① 走

② 勉

③ 緩

④ 逸

(2) 얽어라! 얽을 구 [ ]!

① 九

② 構

③ 木

④ 球

(3) 빈틈없이 자라라! 우거질 울 [ ]!

① 鬱

② 林

③ 絲

④ 戰

5. 다음 그림과 한자마법을 잘 살펴본 후, 알맞은 마법 주문을 고르세요.

(1) 矢

① 쏘아라! 쏠 사!

② 맞혀라! 과녁 적!

③ 백발백중! 화살 시!

(2) 靡

① 거꾸러져라! 거꾸러질 질!

② 쓰러져라! 쓰러질 미!

③ 넘어져라! 넘어질 도!

(3) 寒

① 식혀라! 찰 냉!

② 손이 꽁꽁! 찰 한!

③ 들어 올려! 들 거!

최종 형성평가

1. 다음 마법 주문에 알맞은 한자를 찾아 이으세요.

(1) 힘을 더해라! 도울 조! •	• 召
(2) 저릿저릿 아픈 마음! 슬플 비! •	• 修
(3) 밝혀라! 등잔 등! •	• 助
(4) 따끈따끈! 화로 로! •	• 教
(5) 읽어라! 읽을 독! •	• 讀
(6) 불러들여라! 부를 소! •	• 悲
(7) 싹싹 닦아라! 닦을 수! •	• 燈
(8) 가르쳐라! 가르칠 교! •	• 港
(9) 배가 드나드는 길! 뱃길 항! •	• 逸
(10) 토끼처럼 빠르게! 달아날 일! •	• 爐

2. 다음의 한자어를 우리말로 바꿔 보세요.

(1) 修了 ( )	(2) 召集 ( )	(3) 港口 ( )
(4) 助手 ( )	(5) 嚆矢 ( )	(6) 理解 ( )
(7) 捉送 ( )	(8) 構築 ( )	(9) 關係 ( )
(10) 悲劇 ( )	(11) 拔擢 ( )	(12) 鬱蒼 ( )

3. 빈칸에 들어갈 알맞은 한자를 선택하여 쓰세요.

보기 火爐 修理 防寒服 召還

(1) 암흑상제는 ______ 마법으로 암흑계로 불러들였다.

(2) 큐티와 나르디는 통신 구슬이 고장 나자 ______마법을 사용했다.

(3) 동자는 너무 추워서 한자마법으로 ______ 를 불러냈다.

(4) 아티스는 추위를 타는 동자에게 ________을 주었다.

4. 다음 한자와 음이 같은 한자를 선택하세요.

免	① 順	② 面	③ 記	④ 跡
捉	① 着	② 迅	③ 跌	④ 斥
構	① 告	② 遙	③ 句	④ 味
助	① 朝	② 烈	③ 去	④ 小

5. 다음 한자어를 바르게 읽은 것에 '○'표 하세요.

(1) 讀破 (독서, 독파)

(2) 歸還 (소환, 귀환)

(3) 寒波 (한파, 한심)

(4) 助味 (조미, 조력)

(5) 靡費 (미령, 미비)

(6) 修繕 (수석, 수선)

(7) 教育 (교육, 교우)

(8) 逸話 (일화, 일품)

최종 형성평가

6. 다음은 한자의 음과 훈, 획수, 부수 등을 정리한 표입니다. 아래 〈보기〉를 보고 빈칸을 채워 보세요.

보기 11 理 心 悲 다스릴 17 탁 非

한자	뜻	음	획순	부수
擢	뽑을			手(扌)
		리(이)		玉(王)
	슬플	비	12	

7. 다음은 燈과 관련된 설명이에요. <u>틀리게</u> 말한 사람은 누구일까요? (　　　　)

'화로 로'라고 읽어.

이 한자의 부수는 火야.

총 16획으로 쓸 수 있어.

'불을 올리는 기구', 즉 '등잔'을 뜻해.

8. 다음은 鬱과 관련된 설명이에요. <u>틀리게</u> 말한 사람은 누구일까요? (　　　　)

'우거질 울'이라고 읽어.

이 한자의 부수는 鬯야.

총 30획으로 쓸 수 있지.

'막히다', '답답하다'의 뜻을 나타내.

9. 다음 한자의 부수를 써 보세요.

(1) 召 (　　　　)　(2) 助 (　　　　)

(3) 寒 (　　　　)　(4) 捉 (　　　　)

(5) 修 (　　　　)　(6) 矢 (　　　　)

(7) 靡 (　　　　)　(8) 構 (　　　　)

10. 다음 한자어의 뜻을 써 보세요.

(1) 悲哀 :

(2) 寒波 :

(3) 讀破 :

(4) 靡寧 :

11. 빈칸에 들어갈 한자를 찾아보세요.

(1) 拔 (　　　　)

① 毛　② 住　③ 擢　④ 送

Hint : '여러 사람 가운데서 뽑다'라는 뜻을 나타내요.

(2) 讀 (　　　　)

① 白　② 書　③ 著　④ 遺

Hint : '책을 읽다'라는 뜻을 나타내요.

(3) 助 (　　　　)

① 米　② 未　③ 力　④ 味

Hint : '음식 맛을 좋게 하다'라는 뜻을 나타내요.

(4) 修 (　　　　)

① 繕　② 理　③ 了　④ 先

Hint : '낡은 물건을 고치다'라는 뜻을 나타내요.

답안지

중간평가 1 26~29쪽

1. 관계있는 것끼리 이으세요.

2. 한자와 음이 바르게 짝지어진 것을 골라 'ㅇ'표 하세요.

3. 빈칸에 알맞은 한자, 뜻, 소리를 써 넣으세요.

港	뱃길	항	港	뱃길	항
理	다스릴	리	理	다스릴	리
燈	등잔	등	燈	등잔	등
修	닦을	수	修	닦을	수
讀	읽을	독	讀	읽을	독
召	부를	소	召	부를	소
擢	뽑을	탁	擢	뽑을	탁
助	도울	조	助	도울	조

4. (1) ① 理 (2) ③ 港 (3) ② 修

5. (1) ① 불러들여라! 부를 소!
(2) ② 가르쳐라! 가르칠 교!
(3) ③ 손으로 잡아라! 잡을 착!

중간평가 2 54~57쪽

1. 관계있는 것끼리 이으세요.

2. 한자와 음이 바르게 짝지어진 것을 골라 'ㅇ'표 하세요.

3. 빈칸에 알맞은 한자, 뜻, 소리를 써 넣으세요

免	벗어날	면	免	벗어날	면
係	맬	계	係	맬	계
構	얽을	구	構	얽을	구
靡	쓰러질	미	靡	쓰러질	미
寒	찰	한	寒	찰	한
悲	슬플	비	悲	슬플	비
逸	달아날	일	逸	달아날	일
爐	화로	로	爐	화로	로

4. (1) ④ 逸 (2) ② 構 (3) ① 鬱

5. (1) ③ 백발백중! 화살 시!
(2) ② 쓰러져라! 쓰러질 미!
(3) ② 손이 꽁꽁! 찰 한!

최종 형성평가 58~61쪽

1. (1) 힘을 더해라! 도울 조!
(2) 저릿저릿 아픈 마음! 슬플 비!
(3) 밝혀라! 등잔 등!
(4) 따끈따끈! 화로 로!
(5) 읽어라! 읽을 독!
(6) 불러들여라! 부를 소!
(7) 싹싹 닦아라! 닦을 수!
(8) 가르쳐라! 가르칠 교!
(9) 배가 드나드는 길! 뱃길 항!
(10) 토끼처럼 빠르게! 달아날 일!

召 · 修 · 助 · 敎 · 讀 · 悲 · 燈 · 港 · 逸 · 爐

2. (1) 수료 (2) 소집 (3) 항구 (4) 조수 (5) 효시 (6) 이해
(7) 착송 (8) 구축 (9) 관계 (10) 비극 (11) 발탁 (12) 울창

3. (1) 召還 (2) 修理 (3) 火爐 (4) 防寒服

4. (1) ②面 (2) ① 着 (3) ③ 句 (4) ① 朝

5. (1) 讀破 (독서, 독파)
(2) 歸還 (소환, 귀환)
(3) 寒波 (한파, 한심)
(4) 助味 (조미, 조력)
(5) 靡費 (미령, 미비)
(6) 修繕 (수석, 수선)
(7) 敎育 (교육, 교우)
(8) 逸話 (일화, 일품)

6.

한자	뜻	음	획순	부수
擢	뽑을	탁	17	手(扌)
理	다스릴	리(이)	11	玉(王)
悲	슬플	비	12	心

7. 燈은 '등잔 등'이라고 읽어.

8. 鬱은 총 29획이야.

9. (1) 口 (2) 力 (3) 宀 (4) 手(扌)
(5) 人(亻) (6) 矢 (7) 非 (8) 木

10. (1) 슬픔과 설움
(2) 겨울철에 기온이 갑자기 내려가는 현상
(3) 책을 다 읽어 내림
(4) 병이 있어 몸이 편하지 못함

11. (1) ③ 擢 (2) ② 書 (3) ④ 味 (4) ② 理

삼장과 함께 하는 마법 한자 빙고 한 판!

29권에 나온 마법 한자들이 아래에 있어요. 한자마법을 외치며 빙고판을 완성해 보세요!
직선 혹은 대각선으로 3개 이상 선을 만들면 빙고 성공!

燈	悲
捉	鬱
助	失
召	係
港	構
教	逸
讀	免
擢	靡
理	寒
修	爐

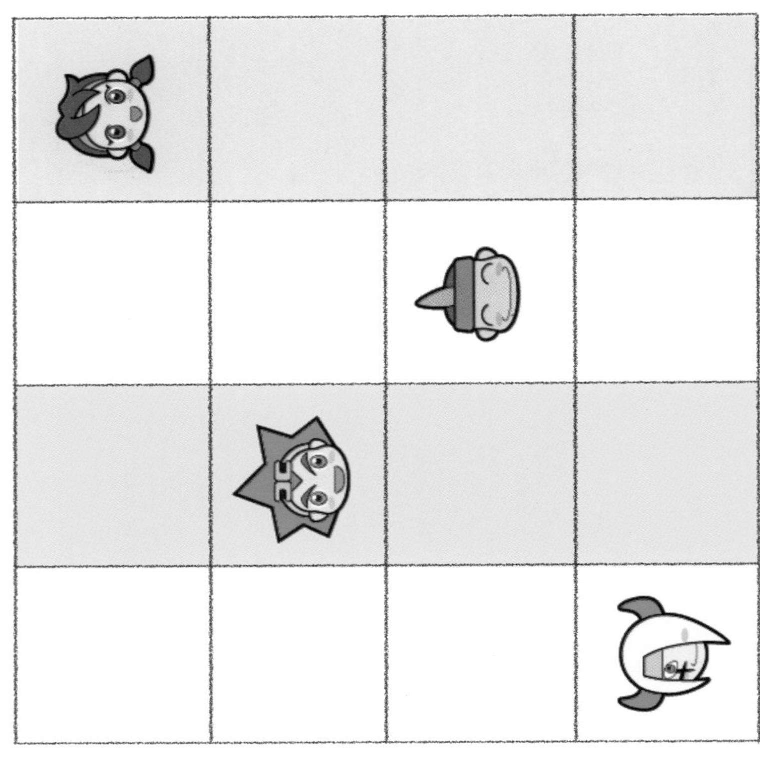

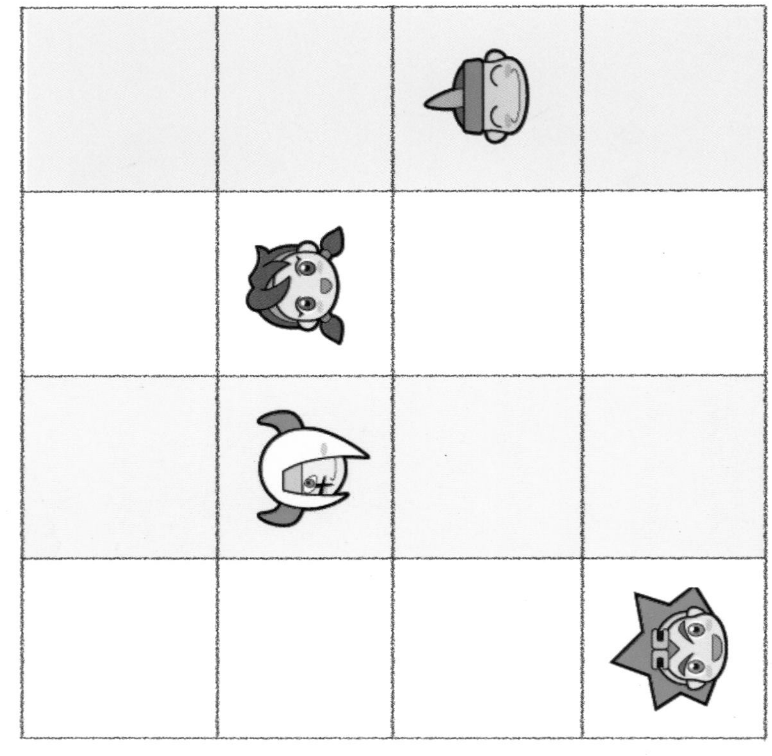